BEI GRIN MACHT SI(WISSEN BEZAHLT

- Wir veröffentlichen Ihre Hausarbeit, Bachelor- und Masterarbeit

- Ihr eigenes eBook und Buch - weltweit in allen wichtigen Shops

- Verdienen Sie an jedem Verkauf

Jetzt bei www.GRIN.com hochladen und kostenlos publizieren

Eugenia Wolstein

Ethik & Moral im Kontext der persuasiven Kommunikation

GRIN Verlag

Bibliografische Information der Deutschen Nationalbibliothek:

Die Deutsche Bibliothek verzeichnet diese Publikation in der Deutschen National-
bibliografie; detaillierte bibliografische Daten sind im Internet über http://dnb.d-
nb.de/ abrufbar.

Impressum:

Copyright © 2012 GRIN Verlag GmbH
Druck und Bindung: Books on Demand GmbH, Norderstedt Germany
ISBN: 978-3-656-57650-1

Dieses Buch bei GRIN:

http://www.grin.com/de/e-book/267113/ethik-moral-im-kontext-der-persuasiven-
kommunikation

GRIN - Your knowledge has value

Der GRIN Verlag publiziert seit 1998 wissenschaftliche Arbeiten von Studenten, Hochschullehrern und anderen Akademikern als eBook und gedrucktes Buch. Die Verlagswebsite www.grin.com ist die ideale Plattform zur Veröffentlichung von Hausarbeiten, Abschlussarbeiten, wissenschaftlichen Aufsätzen, Dissertationen und Fachbüchern.

Besuchen Sie uns im Internet:

http://www.grin.com/

http://www.facebook.com/grincom

http://www.twitter.com/grin_com

Fachhochschule für angewandtes Management, Campus Berlin

Fachbereich Wirtschaftspsychologie

Wintersemester 2011 / 2012

Teilmodul: „Ethik in Wirtschaft und Wissenschaft"

Ethik und Moral im Kontext der persuasiven Kommunikation

in der Werbung

Tag der Einreichung:

01. März 2012

Abstract

Es ist wohl kein Wunder, dass bei etwa 1,5 Millionen Fernsehspots jährlich in Deutschland, einige Werbetreibende versuchen mittels manipulativen Werbetechniken – der persuasiven Kommunikation – ihre Zielgruppe zu beeinflussen, um so an ihr Ziel – einen höheren Produktabsatz – zu kommen. Denn, nur etwa 1% dieser Werbefilme dringt in die Köpfe der Konsumenten vor. Doch ist beispielsweise Schockwerbung, die zur Einstellungsänderung oder zu einer höheren Wahrnehmung (Aktivierung) führen soll aus ethischer Sicht betrachtet in Ordnung? Wo sind die Grenzen? Ist die Schwelle guten Geschmacks überschritten, wenn eine Diskothek ihr alkoholisches Angebot mit dem Slogan „Billig macht willig" bewirbt? Kann es außerdem sein, dass persuasive Kommunikation die Gesellschaf nachhaltig schädigt? Doch die größte Frage, die sich in dieser Arbeit stellt ist: ist es überhaupt möglich mittels persuasiver Kommunikation Menschen nachhaltig zu beeinflussen? Sie zu manipulieren? Also eine Verhaltensänderung bei Menschen herbeizuführen?

Abstract

It does not astonish that advertiser use manipulative techniques – the persuasive communication – to affect people and boost the product turnover, because of 1.5 Million television commercials just 1% of those spots arrive the heads and hearts of people. But, are advertisements that shock – to achieve attitude change or a higher perception – ethical acceptable? Where is the limit? Is it too much when a discotheque sues with a slogan like this: "cheap makes willing"? Can it also be that the society is seriously marred by persuasive communication? But the biggest question in this assignment is: is it really possible to have a sustainable affect on people minds with persuasive communication? To manipulate people with persuasive techniques? To make people do things they would do without being "manipulated"?

Inhaltsverzeichnis

Abbildungsverzeichnis

1. Einleitung

1.1 Problemstellung

Bereits in der Antike wurde auf Steintafeln für geplante Veranstaltungen geworben. Seither wurden die Werbetechniken viel aggressiver und ziehen sich mittlerweile durch alle Lebensbereiche. Dabei spielt die Werbepsychologie eine herausragende Rolle, denn im unüberschaubaren Dschungel der Anzeigen, Fernsehspots und Hörfunkbeiträge wird es immer schwieriger den potenziellen Kunden anzusprechen und seine Aufmerksamkeit auf das zu verkaufende Produkt zu lenken. Der Zweck der Werbepsychologie ist grundsätzlich die Manipulation des Verbrauchers. Wo wir auch schon beim Problem angelangt wären. Denn es stellt sich die Frage: ist Werbung, die den Menschen versucht in seinen Entscheidungen zu beeinflussen ethisch vertretbar?

1.2 Ziel der Arbeit

Das Ziel der vorliegenden Semesterarbeit ist es, zum einen Ethik und persuasive Kommunikation im Kontext darzustellen sowie Fragestellungen zu erarbeiten die hinterfragen, ob diverse Werbe- und Verkaufsmaßnahmen ethisch und moralisch vertretbar sind. Zum anderen wird diskutiert, ob es möglich ist Menschen im Alltag durch Werbung und ferner durch Werbe- und Verkaufsaktionen so zu beeinflussen, dass diese ihre Einstellungen und / oder ihr Verhalten ändern. Strenger ausgedrückt: kann eine Gruppe Menschen so manipuliert werden, dass diese so handelt wie es sich der Werbetreibende zum Ziel gesetzt hat?

1.3 Vorgehensweise

Nach diesem einführenden Kapitel erfolgt eine theoretische Erläuterung der für diese Arbeit wichtigsten Begrifflichkeiten. Diese sind „persuasive Kommunikation" sowie der Begriff der Ethik. Unter dem dritten Gliederungspunkt erfolgt die Beleuchtung von persuasiven Werbetechniken unter Einbezug ethischer und moralischer Grundsätze. Das Ganze wird kritisch hinterfragt. Im vierten Abschnitt findet dann die Diskussion statt, ob es tatsächlich möglich ist Menschen dermaßen zu beeinflussen, dass diese unbewusst ihre Einstellung ändern und dadurch zu einer (Kauf-) Handlung bereit sind, zu der sie ohne persuasive Techniken nicht bereit wären. Die Arbeit wird mit dem fünften Kapitel abgeschlossen, in dem zunächst die Analyseergebnisse aus dem vorangegangen Kapitel kurz zusammengefasst werden und anschließend die eigene Ansicht bezugnehmend auf ethisch bedenkliche Werbung in der Zukunft dargeboten wird.

2. Theoretische Grundlagen

2.1 Persuasive Kommunikation

Persuasion ist an sich weder positiv noch negativ und gehört sogar zum täglichen Leben. Unter diesem Begriff wird die Umwandlung von Einstellungen durch soziale Einflussnahme infolge von Kommunikationsprozessen verstanden (vgl. Moser 2007a, S. 70). Im Alltag versucht jeder Mensch bewusst oder unbewusst auf eine andere Person Einfluss zu nehmen, sei es bei der Wahl des nächsten Urlaubsziels oder bei der Einrichtung der Wohnung. Generell will jeder seine Interessen durchsetzen. Auch in der Wirtschaft und der Politik ist das so. Durch Schaltung von Werbung sollen die Umsatzzahlen erhöht werden, durch politische Wahlkämpfe die eigene Partei gefördert oder durch firmenbezogene PR-Maßnahmen geeignete Nachwuchskräfte angeworben werden. Im Rahmen dieser Studienarbeit wird jedoch nur die persuasive Einflussnahme der Werbung thematisiert und andere Bereiche, wie die Propaganda oder Einwirkungsversuche im privaten Umfeld, außer Acht gelassen. In diesem Kontext stellt sich die Frage, ob man bei persuasiven Kommunikationsmitteln in der Werbung von Beeinflussung oder Manipulation spricht.

In der Psychologie wird Manipulation als „(verdeckte) Einflussnahme auf eine Person, deren Interessen dadurch verletzt werden können" (Der Brockhaus Psychologie 2009a, S. 354) definiert. So kann ein Mensch durch falsche bzw. verfälschte Informationen manipuliert – und dadurch zu einer Verhaltens- und/ oder Einstellungsänderung – bewogen werden. Doch ist Persuasion gleich Manipulation? Wenn die folgenden Kriterien erfüllt sind, dann ja:

– Der Empfänger wird bewusst vom Sender beeinflusst

– Nur der eigene Vorteil des Senders wird verfolgt

– Der Sender nimmt keine Rücksicht auf eventuell auftretenden Nachteile für den Empfänger

– Der Sender macht sich undurchschaubare Techniken zu eigen, sodass der Empfänger das Gefühl hat, er entschiede frei[1]

Dient Persuasion beispielsweise auch dem Vorteil des Empfängers, kann von einer Manipulation nicht die Rede sein, sondern höchstens von einer Einflussnahme.

---

[1] In Anlehnung an Moser 2007b, S. 73

2.2 Ethik und Moral

Da das menschliche Leben jeden Tag von Entscheidungen geprägt ist (auch wenn wir eine Handlung unterlassen, haben wir uns entschieden in dieser Situation nichts zu unternehmen), solle man sich der Frage stellen, ob es allgemeingültige Kriterien gibt, die bei unseren Entscheidungen mit einbezogen werden müssen. Gesichtspunkte, die helfen richtiges Verhalten von falschem zu unterscheiden. Denn schon der deutsche Philosoph Immanuel Kant (1724 - 1804) fragte zu seinen Lebtagen: „Was soll ich tun?" (vgl. Kühn 2004, S. 281). So versucht die Ethik [griech. ethiká <<Sittenlehre>>, <<Moral>>] solche Tugenden festzulegen und wird wie folgt definiert: Ethik ist „eine philosophische Disziplin, die nach dem Maß des guten menschlichen Handelns und Verhaltens fragt und dieses auf Grundlage verschiedener Methoden zu bestimmen versucht" (Der Brockhaus Psychologie 2009b, S. 155). Wie die Definition bereits ausdrückt, ist Ethik eine Lehre vom richtigen Verhalten, eine philosophische Disziplin, die richtiges und falsches Verhalten reflektiert. Dagegen wird die Moral gelebt. So werden beispielsweise Kinder mit einer moralischen Haltung der Ehrlichkeit („du sollst nicht lügen") erzogen (vgl. Ricken 2003, S. 17). Die Moral (lat. Mores: Sitten, Charakter) setzt den normativen Grundrahmen für das menschliche Verhalten primär zu allen Mitmenschen, aber auch zur Natur und zu sich selbst (vgl. Höffe 2008, S. 211). Ferner kann man sagen, dass moralisches Handeln nach ethischen Grundsätzen nicht nur „gut" ist für einen persönlich und die gesamte Umwelt, sondern laut Aristoteles auch Glück beschert: „Werde dadurch glücklich, dass du entsprechend deiner Tugend lebst" (Suda 2005, S. 109).

3. Ethik und Moral im Kontext der persuasiven Kommunikation

3.1 Ethische und moralische Fragestellungen im Bezug auf diverse Werbemaßnahmen

Man stelle sich vor, es ist Vorweihnachtszeit. Alles ist bunt dekoriert, Lebkuchenduft liegt in der Nase, fröhliche Musik tönt aus den Lautsprechern des Kaufhauses in dem man sich gerade mit seinem (Paten-) Kind befindet, um sich „Tipps für den Weihnachtsmann" zu holen. Überall lachende Kindergesichter, überall farbenfrohe, heitere Werbereklamen und Plakate von denen Puppen herunter grinsen...und dann diese Werbung mittendrin:

Abbildung 1: LEGO Werbekampagne (Quelle: http://zweinullig.de/lego-werbung)

Was soll man auf Kinderfragen antworten, die wissen wollen was dieser Mann auf dem Plakat da tut und warum da ganz groß der Name des Lieblings-Spielzeugherstellers daneben steht? Ist es ethisch vertretbar für ein Unternehmen, das Bausteine zum Spielen herstellt sich so in der Öffentlichkeit zu positionieren? Die Botschaft ist zwar klar - Kinder sollen lieber mit Bauklötzen spielen, anstatt sich von scheinbar schädlichen Fernseh-Inhalten berieseln zu lassen – doch ist das nicht genauso gefährlich den Nachwuchs dermaßen zu irritieren und sie bewusst solchen Botschaften auszusetzen, nur um Aufmerksamkeit für das eigene Produkt zu erregen?

Neben emotionaler Werbung, die versucht durch Ansprache der Gefühlswelt des Konsumenten Aufmerksamkeit zu generieren, sind die Vermarktung von leeren Versprechungen und Illusionen als ethisch bedenklich einzustufen. Durch Vorgaukeln einer schönen, heilen Welt wird beim potenziellen Käufer eine Illusion geweckt, dass er es auch so hübsch haben könnte, würde er nur das beworbene Produkt kaufen. Von einem Mal auf das andere gehöre er zu einer angesagten Clique, ist beliebt und hat wohlmöglich seidige, von

Spliss befreite Haare und dazu noch keine Schuppen mehr und dadurch mehr Selbstbewusstsein. Die Frage ist: ist das schon Betrug am Kunden oder kann er selber differenzieren, ob in einer Schokolade die extra Portion Milch für Kinder drin ist? Liegt es in der Verantwortung der Werbenden darauf hinzuweisen, dass beispielsweise diese Süßigkeit bei bestem Willen keine Milch ersetzt oder ist es der jeweiligen Bildung der Bürger überlassen? So wie manche Werbebotschaften die Wahrheit verschleiern so tun es auch manche Persuasionsstrategien, wie beispielsweise die folgenden:

- **Door-in-the-Face-Technik.** Zunächst wird dem potenziellen Käufer ein überteuertes Angebot dargeboten, welches er ablehnt. Im nächsten Schritt folgt die eigentliche Offerte (die wesentlich günstiger ist). Da der Verbraucher sich zum einen nun in der Pflicht sieht das zweite Angebot anzunehmen und zum anderen denkt er mache ein Schnäppchen, greift er in vielen Fällen zu (vgl. Siegfried 2004, S. 156).

- Auch durch die **Technik des entgehenden Nutzens bzw. der verpassten Gelegenheit** wird der Kunde dazu bewogen etwas zu kaufen, was er ohne diese Maßnahme vielleicht nicht getan hätte. Dem Käufer werden Rabatte angeboten oder es wird suggeriert, dass weitere Interessenten vorhanden sind, die auf jeden Fall kaufen wollen und er müsse sich schnell entscheiden (vgl. Görgen 2005, S. 115). Vor allem ist diese Technik aus moralischer Sicht bedenklich, wenn die beworbenen Preisnachlässe bereits im Verkaufspreis einkalkuliert sind oder anders wie beworben, noch genug Produkte auf Lager sind. Denn hier wird der Mensch bewusst hinters Licht geführt und manipuliert.

In besonderer Weise sind solche Beeinflussungen schlimm, wenn verwundbare Personen betroffen sind, wie beispielsweise Kinder, alte Menschen, Kranke oder Arme. Denn hier wird in Kauf genommen, dass dieser Personenkreis unzureichendes Wissen aufweist, eventuell keine anderen Möglichkeiten hat oder es wird mit der Hoffnung dieser Menschen gespielt.

Menschen können jedoch nicht nur durch bewusst angewandte Techniken manipuliert werden, sondern auch durch Ansprache von Reizen. Wenn beispielsweise durch Musik die Gehgeschwindigkeit im Supermarkt beeinflusst wird. Amerikaner belegten in einer Feldstudie, dass Kunden bei ruhiger Musik länger im Laden verweilen und somit mehr Geld ausgeben. Ferner bewies dies eine weitere Feldstudie eindrucksvoll: in einem Weinladen erhöhte sich der Umsatz nur durch das Abspielen klassischer Musik um das Dreifache (vgl. http://www.sumomag.at). Auch wird immer wieder versucht durch unbewusste Botschaften Menschen zu manipulieren. Der wohl bekannteste Versuch hierzu ist die Vicary-Studie oder besser bekannt als die „Iss-Popcorn-trink-Cola Studie". Der amerikanische Marktforscher James Vicary veröffentlichte 1957 seine Studie, in der, zwischen den einzelnen Bildern während der Kinowerbung unterschwellig, das heißt für den Zuschauer nicht bewusst sichtbar, der Apell zum Kauf von Cola und Popcorn erfolgte. Der Umsatz habe sich danach signifikant erhöht (vgl. Moser 2007c, S. 73). Solche Manipulationen – wenn sie denn funktionieren – sind nicht nur moralisch verwerflich sondern auch angsteinflößend. Doch ist es überhaupt möglich Menschen durch unterbewusst wahrgenommene Botschaften zu manipulieren? Die Antwort hierzu wird im vierten Kapitel geklärt.

Alle dargestellten Methoden haben den Knackpunkt inne, dass die Wahrheit verzerrt wird und der Mensch sich dadurch nicht 100-prozentig nach seinem eigenen Willen entscheiden kann. Wie Papst Johannes Paul II. in seinem „Rat für soziale Kommunikationsmittel" sagte, gibt es ohne Wahrheit keine Freiheit. Das heißt, dass die Würde und Rechte der Menschen missachtet werden (vgl. Foley et al. 1997a, S. 17). Doch will nicht auch der Pfarrer Gott „verkaufen"? Wird nicht auch von der Kirche eine Scheinwelt propagiert, um Menschen zu überzeugen sich der kirchlichen Gemeinschaft anzuschließen? Werden vom Papst alle relevanten Informationen den Menschen zugänglich gemacht, damit diese sich bewusst für oder gegen seine Aussagen entscheiden können? Damit sei nur gesagt: manipulierende Werbung ist überall!

3.2 Schädigt persuasive Werbung die Gesellschaft und die Kultur?

So steht in dem bereits genannten „Päpstlichen Rat" für Werbetreibende beispielsweise auch, dass die Werbung heutzutage einen fulminanten Einfluss auf die gesamte Gesellschaft hat – auf das Leben, wie es gelebt wird, auf die Welt- und Selbstansicht und vor allen Dingen auf Werte sowie die Art und Weise wie und welche Entscheidungen getroffen werden bzw. auf das Verhalten der Menschen an sich (vgl. Foley et al. 1997b, S. 6). Ist es wirklich so, dass zum einen Konsumenten sowie ganze Familien geschädigt werden, da unsinnige Wünsche geweckt und niedere Triebe angesprochen werden? Werden die Menschen dadurch blind für das Wesentliche? Mischt sich Werbung wohlmöglich in die Eltern-Kind-Beziehung ein, indem die Sprösslinge Markenprodukte wünschen es jedoch gegen die Prinzipien der Eltern verstößt oder diese sich teure Produkte nicht leisten können? Ist es auch denkbar, dass Werbung hauptsächlich oder zu einem großen Teil dafür verantwortlich ist, dass nur schöne Menschen – übertrieben ausgedrückt: als lebenswert angesehen werden? Will mittlerweile nicht fast jede Frau aussehen wie das Model auf dem Plakat? Oder viele Männer wie dieser smarte Frauenheld? Dass diese Werbebilder durch Bildbearbeitung manipuliert wurden spielt kaum eine Rolle bzw. ist sogar nicht jedem bekannt. Wird mit solchen Werbebotschaften nachhaltig suggeriert, dass man nicht "ok" sei, wenn man nicht so aussieht wie die hübschen Menschen, die uns von allen Medien her anlächeln? Wird mit solchen Botschaften das Denken und die Wahrnehmung von Mitmenschen in der Gesellschaft verändert? Im Barockzeitalter malten diverse Künstler üppige Frauen, was dem damaligen Schönheitsideal entsprach. Heutzutage werden Size-Zero-Frauen in den meisten Werbekampagnen gezeigt, was wiederum das Schönheitsideal des 21. Jahrhunderts widerspiegelt. Doch stellt sich die Frage: wird die Einstellung der Gesellschaft von der

Werbung geprägt oder orientieren sich Werbende einfach an den Vorstellungen und Wünschen der Gesellschaft?

Neben diesen Fragestellungen, zu denen wohl jeder eine andere Antwort hat, gibt es auch knallharte Fakten: nachgewiesenen Schaden richtet beispielsweise Alkoholwerbung an. Verschiedene Studien der DHS[2] stellten heraus, dass Werbung in der Alkohol beworben wird eine Auswirkung auf Jugendliche hat. Dass je häufiger Jugendliche solche Werbung sehen, sie mehr alkoholhaltige Getränke zu sich nehmen und dass die Wahrscheinlichkeit mit dem Alkoholkonsum anzufangen höher ist, wenn junge Erwachsene häufiger Alkohol-Werbung sehen bzw. das Alter der Jungendlichen, die regelmäßig alkoholhaltige Getränke zu sich nehmen sinkt (vgl.http://www.aktionswoche-alkohol.de). Somit liegen klare Tatsachen vor, dass Alkohol-Werbung nicht nur ethisch bedenklich ist, sondern auch dazu führt, dass unsere Gesellschaft geschädigt wird: das potenzielle Abhängigkeitsalter sinkt, die Zahl der jungen Konsumenten dieser abhängig machenden Substanz steigt. Durch mögliche Suchterscheinungen werden Barrikaden für die eigene Zukunft aufgestellt, schafft man nicht den Absprung folgt Arbeitslosigkeit, was sowohl wirtschaftlich gesehen eine negative Entwicklung bedingt. Betrachtet man weiter die negativen Aspekte der Werbung, kann diese auch Image- bzw. Identitätsprobleme hervorrufen, indem in einer multikulturellen Umgebung nur bestimmte ethnische Gruppen thematisiert werden und andere vernachlässigt. Auch auf die Kultur scheinen die Werbehandlungen einen enormen Einfluss zu haben, schließlich ist es heutzutage so, dass eine Vielzahl von Radio- und Fernsehanstalten auf Werbeeinnahmen angewiesen sind und Inhalte propagieren müssen, die zwar Ihren Werten widerstreben, jedoch auf deren Einnahmen sie angewiesen sind.

Alle dargestellten Werbebeispiele in diesem Abschnitt lenken die Gesellschaft – ob gewollt oder ungewollt – in eine falsche Richtung, man könne sogar von einer Erosion ethischer Standards sprechen. Denn, wenn Werbung zum Konsum von toxischen Mitteln anregt, Einstellungen wandelt und einen verschwenderischen Lebensstil fördert, die dem Konsumenten das Gefühl vermittelt ihm gehöre die Erde und es gäbe unendlich viele Ressourcen, schadet nicht nur der Gesellschaft sondern jedem einzelnen Mensch, denn auf Dauer kann diese destruktive Lebensweise nicht fortschreiten.

Nichtsdestotrotz ist (auch ethisch verwerfliche) Werbung – wenn auch nur wirtschaftlich betrachtet – gut, denn sie fördert den Wettbewerb, den Konsum und somit das Wirtschaftswachstum eines Landes, was sich im Endeffekt wiederum positiv auf die Gesellschaft auswirkt.

---

[2] Deutsche Hauptstelle für Suchtfragen e.V.

4. Persuasive Kommunikation ist gleich unbewusste Manipulation?

Um zu analysieren, ob es möglich ist Menschen durch persuasive Kommunikation zu beeinflussen, müssen wir zunächst verstehen wie Werbung wirkt. So wird in Kapitel 4.2 diskutiert, ob es möglich ist durch Werbebotschaften, die Einstellung von Personen zu ändern und im kommenden Abschnitt zunächst eine Auswahl an Modellen zur Einstellungsänderung dargestellt.

4.1 Werbewirkung und Modelle der Einstellungsänderung

Werbewirkung wird als „Effekte werblicher Maßnahmen auf Kaufabsicht und Kaufverhalten von Menschen" (Der Brockhaus Psychologie 2009c, S. 686) definiert. Die Werbewirkung im wirtschaftlichen Kontext wird an Absatz sowie Umsatzzahlen gemessen, wobei dies schwierig ist, da in diese Kennzahlen noch weitere Faktoren einfließen, wie beispielsweise die Konkurrenzsituation. Im psychologischen Kontext beinhaltet die Werbewirkung Parameter der Markenbekanntheit, der Erinnerung an Botschaften aus Werbekampagnen sowie die Einstellungen zu Marken und die Kaufabsicht (vgl. Der Brockhaus Psychologie 2009d, S. 686). Somit befassen sich Werbewirkungsmodelle mit der Fragestellung, unter welchen Bedingungen und wie Werbebotschaften ihr Ziel erreichen. Im Folgenden erfolgt eine kurze Darstellung der Stufenmodelle der Werbewirkung. Zu den Stufenmodellen gehört auch die Persuasion. Neben diesen Modellen gibt es noch die Hierarchie-von-Effekten-Modelle, die Zwei-Prozess-Modelle, das duale Vermittlungsmodell sowie das Rossiter-und-Percy-Modell (in Anlehnung an Moser 2004d, S. 12 ff), die jedoch im Rahmen dieser Studienarbeit nicht bearbeitet werden können.

4.1.1 Stufenmodelle der Werbewirkung

Bei Stufenmodellen müssen allgemeingültige Stufen eingehalten werden, um Werbeerfolg zu generieren. Die bekanntesten Modelle hierzu sind: das **AIDA-Modell**, welches 4 Stufen der Werbewirkung unterscheidet (Aufmerksamkeit erzeugen, Interesse wecken, den Drang danach wecken das beworbene Produkt haben zu wollen sowie die letzte Stufe, die (Kauf-) Aktion), das **6-Stufen-Modell** nach Lavidge und Steiner (1961) hingegen besagt, dass Werbewirkung aus den folgenden 6 Stufen resultiert: Aufmerksamkeit, Wissen, Sympathie, Präferenz, Überzeugung und als letzte Instanz der Kauf. Das **Modell der klassischen Konditionierung** besagt, dass auf einen Stimulus bzw. Reiz eine Reaktion folgt – Beispiel: ein hungriger Mensch läuft durch die Stadt und riecht etwas Leckeres zum Essen (Reiz), dabei wird die Speichelproduktion in seinem Mund angeregt (Reaktion). Wie bereits erwähnt, zählt auch die **persuasive Kommunikation** zu den Stufenmodellen, denn auch hier ist die jeweils vorangegangene Stufe Voraussetzung dafür, dass der Prozess vorangeschritten wird, bzw. kann der Prozess auf jeder Ebene abgebrochen werden. Die Wirksamkeitsebenen der persuasiven Kommunikation (vgl. McGuire 1985, S. 259) sehen wie folgt aus:

1. Sich einer Kommunikation aussetzen

2. Aufmerksamkeit

3. Interesse

4. Verstehen des Inhaltes

5. Verknüpfte Gedanken (Kognitionen) generieren

6. Relevante Fertigkeiten erwerben

7. Einstellungsänderung (einer Position zustimmen)

8. Die Veränderung im Gedächtnis speichern

9. Das relevanten Material im Gedächtnis speichern

10. Auf der Grundlage des erinnerten Materials entscheiden

11. Entsprechend der Entscheidung handeln

12. Konsolidierung des neuen (Verhaltens-) Musters nach der Handlung

Nachdem wir uns ein Bild darüber gemacht haben wie Werbung wirkt, wenden wir uns in 4.1.2 den Modellen der Einstellungsänderung zu.

4.1.2 Modelle der Einstellungsänderung

Der wohl bekannteste Ansatz zur Untersuchung persuasiver Kommunikation ist der Yale-Ansatz zur Einstellungsänderung von Carl Hovland (Yale Attitude Change Approach, 1953). Hovland und seine Mitarbeiter untersuchten unter welchen Umständen es am wahrscheinlichsten ist, dass Menschen – bedingt durch persuasive Botschaften – ihre Einstellung ändern. Die Studie stellte heraus, dass persuasive Kommunikation davon abhängt *was* (das Wesen der Kommunikation – beispielsweise lassen sich Menschen leichter von Inhalten überzeugen, die so wirken als wären sie nicht zum überzeugen gedacht) *wer* (die Quelle der Kommunikation – z.B. wirken attraktive und/oder Sprecher mit Fachkenntnis überzeugender) *zu wem* (die Art der Zuhörerschaft – so ist eine abgelenkte Zuhörerschaft leichter zu überzeugen) sagt (vgl. Aronson et al. 2004a, S. 238 f.) Abgesehen von diesem Yale-Ansatz gibt es noch zwei sehr wichtige Theorien hinsichtlich persuasiver Kommunikation im Zusammenhang mit der Einstellungsänderung:

    a. Das heuristisch-systematische Modell der Persuasion von Shelly Chaiken und

    b. Das Eloboration-Likelihood-Modell (ELM) von Richard Petty und John Cacioppo

Beide Theorien zeigen auf, wann sich jemand eher von dem Inhalt (z.b. der Logik der gesprochenen Worte) beeinflussen lässt und wann von oberflächlichen Charakteristiken (z.B. die Attraktivität einer Person). Sind Menschen motiviert sich von den Inhalten überzeugen zu lassen, ist dies der zentrale Weg der Persuasion. Können Personen den logischen Argumenten keine Aufmerksamkeit schenken und konzertieren sich eher auf äußere Merkmale (z.B. den Redner) wird dies der periphere Weg der Persuasion genannt.

4.2 Verändert persuasive Kommunikation die Einstellung von Menschen?

Nach den relevanten Theorieinformationen, wenden wir uns einigen Praxisbeispielen zu, mit deren Hilfe es zu analysieren gilt, durch welche Techniken es möglich ist Menschen durch persuasive Kommunikation in der Werbung zu manipulieren. Zunächst jedoch eine Definition des Begriffes Einstellung, der eine wichtige Rolle in der Sozialpsychologie spielt: Einstellung ist die „Haltung gegenüber bestimmten Objekten, Personen oder Ideen" (Der Brockhaus Psychologie 2009e, S. 127). Nicht alle Einstellungen entstehen jedoch auf die gleiche Art. Es gibt kognitiv basierte Einstellungen, die auf den Überzeugungen eines Einstellungsobjektes basieren. Und es gibt affektiv basierte Einstellungen, die auf Werten und Emotionen beruhen. Als dritte Komponente können Einstellungen basierend auf dem vergangenen (eigenen) Verhalten entstehen (vgl. www.brain-gain.net).

4.2.1 Persuasive Kommunikation in der Werbung ist gleich Manipulation

Sind Sie schon mal in einem Supermarkt gewesen, in dem es verführerisch nach „Backen" roch oder in einer Weinhandlung in der klassische Musik lief? Ja? Dann wurde, wie bereits im vorangegangene Kapitel erwähnt, mit hoher Wahrscheinlichkeit versucht Sie mit - zwar registrierbaren, jedoch nur am Rande erkennbaren - Reizen (ephemere Werbung) zu manipulieren, dass Sie länger im Laden verweilen und im besten Fall mehr kaufen (vgl. http://www.unet.univie.ac.at). Ferner sind die bereits im dritten Kapitel genannten Methoden höchst manipulativ, um Menschen zu einem Kauf zu bewegen. Wir erinnern uns beispielsweise an die Technik des entgangenen Nutzens. Eine weitere, zwar langwierige jedoch höchst erfolgreiche Methode der Beeinflussung, ist die Werbesoziologie, welche bereits im Nationalsozialismus Menschen manipulierte. Die Werbesoziologie generiert Kampagnen, die parallel zu neuen Werten ein neues Lebensgefühl propagieren. Das wohl bekannteste Beispiel dafür ist der Marlboro-Cowboy, der das Rauchen gesellschaftsfähig machte. Keine Inhalte über die Schäden die das Rauchen anrichtet, keine Informationen über mögliche Krankheiten, stattdessen die Vermittlung von grenzenlosen Freiheitsgefühlen. Auch im Sozialsozialismus wurde ausschließlich das Positive propagiert. Und das nicht zu knapp. Mit Bannern, Kino-, Fernseh- und Radiowerbung, Parolen und Aktionen, die die Bürger zum Mitmachen aktivierten, wurde das Bewusstsein der Deutschen langsam verändert, ohne dass sie es bewusst mitbekamen. Diese Werbekampagne hat fast das gesamte Volk manipuliert und die Einstellungen sowie das Verhalten der Menschen um 180

Grad gewandelt. Diese penetrante Werbeform wird Kumulation genannt (vgl. www.medialine.de). Es werden Anzeigen über einen längeren Zeitraum geschaltet, so lange bis sich die Botschaft in den Köpfen der Menschen verankert hat. Schaltet man die Werbung noch dazu in verschiedenen Medien gleichzeitig, ist es für die Masse sehr schwer sich dessen zu entziehen. Von dieser penetranten Methode der Beeinflussung zu einer, die den Menschen unbewusst ansprechen soll. Mit sogenannten Camouflage-Techniken wird versucht die Werbung zu tarnen. Darunter fallen Methoden des Sponsorings oder Product Placement (z.B. die Omega-Uhr im James Bond Film). Zu den Camouflage-Techniken zählt auch die Platzierung von „unechten" Empfehlungen im Internet. Mitarbeiter eines Unternehmens geben sich für zufriedene Käufer in Internetforen aus und berichten überaus positiv über ein Produkt (das sie selber verkaufen). Dies ist eine klare Manipulation, die, wie die folgende Grafik zeigt, eine großes Publikum anspricht:

Abbildung 2: Online-Käufer verlassen sich auf die Meinung anderer (Quelle: w3b.org)

Durch alle in diesem Abschnitt dargestellten Verkaufsmethoden wird der Empfänger bewusst beeinflusst. Zudem liegt es nahe dass nur der Vorteil des vertreibenden Unternehmens / der Werbeagentur / des Verkäufers von Bedeutung ist und keine Rücksicht auf eventuell entstehende Nachteile für den Käufer genommen wird. Darüber hinaus werden die Produkte / Dienstleistungen mittels undurchschaubarer Techniken an den Mann und die Frau gebracht, sodass der Konsument glaubt er habe sich nach freien Willen für den Kauf entschieden. Wenn wir uns nun die Definition der Manipulation aus dem zweiten Kapitel ins Gedächtnis rufen, ist klar, dass alle Kriterien für eine Täuschung erfüllt sind.

4.2.2 Persuasive Kommunikation kann nicht die Einstellung von Menschen verändern

Im vorangegangen Punkt wurden einige Verkaufstaktiken aufgezeigt, die manipulativ sind und Menschen, ohne deren Wissen bewusst täuschen können. Doch verändern solche Techniken immer die Einstellung von Personen? Wir haben bereits erfahren, dass die Wirkung persuasiver Kommunikation auf 12 Stufen basiert (siehe Seite 13). Das bedeutet, wenn der Verarbeitungsprozess – nehmen wir an auf Stufe 4 (Verstehen des Inhaltes) – abgebrochen wird, keine persuasive Kommunikation stattfindet und somit keine Einstellungsänderung. Konkret heißt das: es gibt Werbe- und Verkaufstechniken die manipulativ sind, jedoch hängt es vom Individuum selber ab in wie weit er sich täuschen lässt. Wird die Werbebotschaft beispielsweise nicht im Gedächtnis gespeichert, kann keine Einstellungsänderung erfolgen, ohne das die Person sich bewusst dem Inhalt widersetzt hat. Der Empfänger hat die Botschaft schlicht vergessen. Zudem kann sich der Mensch auch bewusst gegen Inhalte wehren, indem er den Informationen einfach nicht zustimmt. Auch hier wird der Wirksamkeitsprozess abgebrochen. Doch wie sieht es mit den oft zitierten subliminalen – den unterschwelligen - Werbebotschaften aus? Können wir uns diesen Informationen widersetzen oder sind wir dieser „Gedankenkontrolle" machtlos ausgeliefert? Auf Seite 9 wurde bereits die „Iss-Popcorn-trink-Cola-Studie" von Vicary erwähnt, die scheinbar ohne bewusste Wahrnehmung, also ohne dass die Kinobesucher etwas sahen, rochen, hörten oder spürten, die Zuschauer durch kurz eingeblendete Sequenzen mit diesen Worten dazu beeinflusste mehr an den Essständen zu kaufen. Diese Tatsache, dass unser Handeln von Informationen beeinflusst wird, die wir noch nicht einmal wahrgenommen haben, ist in der Tat beängstigend. Doch bevor wir uns hierzu dem Stand der Forschung widmen, sei gesagt, dass es diese Vicary-Studie nie gab (vgl. Moser 2007e, S. 73). Trotz dieser Fälschung belegen reale Forschungsstudien jedoch das unterschwellige Informationen einen Einfluss auf menschliche Handlungen haben können. So haben Sheila Murphy und Robert Zajone (1993) ihren Versuchsteilnehmern chinesische Schriftzeichen gezeigt, die danach beertet werden sollten, wie sehr sie den Teilnehmern gefallen. Kurz vor jedem Bild wurden entweder glückliche oder wütende Gesichter oder Polygone, die keine Emotionen wiedergaben unter der Wahrnehmungsgrenze eingeblendet. Die Partizipienten waren ahnungslos. Obwohl die Versuchspersonen die Gesichter nicht bewusst wahrgenommen haben, hatten sie einen Einfluss auf die Bewertung der Schriftzeichen. Die Symbole denen ein frohes Gesicht vorangegangen war bekamen die besten Werte, danach folgten die Zeichen mit dem Polygon und das Schlusslicht der Beliebtheitsskala bildeten die Schriftzeichen denen die wütende Emotion vorangegangen war. Doch warum findet sich die subliminale Werbung unter dem Abschnitt „persuasive Kommunikation kann *nicht* die Einstellung von Menschen beeinflussen"? Weil diese Effekte nur unter Laborbedingungen möglich sind, nicht im alltäglichen Leben (vgl. Aronson et al. 2004b, S. 261). Das heißt wir können nicht unterbewusst beeinflussen oder beeinflusst werden.

5. Fazit

5.1 Zusammenfassung der Analyseergebnisse

Zusammenfassend lässt sich sagen, dass es zwar Werbe- und Verkaufstechniken gibt, die gleich der Manipulation zu setzen sind, jeder (gesunde) Mensch jedoch bewusst handelt. Diese Techniken sind höchst wirkungsvoll, aber nur wenn persuasive Kommunikation überhaupt wirken kann. Denn vor allem die Werbung ist ein Härtefall der Persuasion, denn bereits Kinder ab drei Jahren wissen, wann man sie beeinflussen will. Es herrscht also eine allgemeine Skepsis gegenüber der Werbung und den Verkäufern. Zudem gibt es einfach viel zu viel Werbung, sodass die Menschen lernen diese auszublenden, nicht zu beachten, was den Werbetreibenden es schwer macht ihre Zielgruppe überhaupt zu erreichen, denn wie wir schon in der Einleitung gelernt haben, dringt nur 1% der Werbebotschaften zu den Köpfen der Menschen durch. Das bedeutet, dass es heutzutage sehr schwierig ist Menschen so zu penetrieren, dass diese unbewusst ihre Einstellung ändern. Käufer ändern hauptsächlich ihre Einstellung, wenn sie von einem neuen Produkt überzeugt sind, sie machen es also freiwillig. Ferner haben wir theoretisch immer die Wahl uns selbstständig für und gegen eine Handlung zu entscheiden, auch wenn manche Techniken höchst manipulativ sind.

5.2 Anregungen für die Zukunft

Der Mensch entscheidet sich freiwillig, ob er sich von einer Werbebotschaft beeinflussen lassen will oder nicht. Doch wir sprechen hier von erwachsenen Menschen. Werbung, die Konsummittel bewirbt, die höchst schädlich für die Gesundheit sind (z.B. Alkohol und Tabak), ist ethisch höchst bedenklich. Denn Kinder und Jugendliche müssen erst lernen zu unterscheiden was gut und schlecht ist und das nicht alles was in einem glänzenden Rahmen präsentiert wird der Wahrheit entspricht. Ob ethisch bedenkliche Werbung nachhaltig die Gesellschaft und die Kultur schädigt, muss jeder für sich selbst entscheiden – in Kapitel drei dieser Arbeit wurden die Für- und Wider- Argumente präsentiert. Gesagt sei jedoch, dass Werbefachleute sich nicht alles erlauben können, denn dafür wurde der Werberat ins Leben gerufen. Diese Institution ahndet Verstöße gegen die Verhaltensregeln der Werbewirtschaft sowie gegen rechtliche Bestimmungen. Nichtsdestotrotz finde ich es nicht nur nützlich sondern sehe es als absolut unabdingbar an, dass Studierende heutzutage den Inhalten der Ethik und Moral näher gebracht werden, damit sie ein Bewusstsein für das richtige Handeln schaffen können, denn um es mit Barack Obamas Worten zu sagen:

„We must ask, not just is it profitable, but is it right." – Barack Obama (18.12.2008).

Literaturverzeichnis

Aronson, E., Wilson, T. D. & Akert, R. M. (2004). Sozialpsychologie. 4. Aufl. München: Pearson Education Deutschland GmbH.

Deutsche Hauptstelle für Suchtfragen (DHS) e.V. (2011): Alkohol und Werbung. Online: [http://www.aktionswoche alkohol.de/fileadmin/user_upload/presse/dhs_alkohol_u_werbung.pdf], Abruf 10.12.2011.

Foley, J. P. & Pastore Pierfranco (1997). Päpstlicher Rat für die Sozialen Kommunikationsmittel – Ethik in der Werbung. Bonn: Sekretariat der Deutschen Bischofskonferenz.

Görgen, F. (2005). Kommunikationspsychologie in der Wirtschaftspraxis. Oldenbourg: Wissenschaftsverlag.

Höffe, O. (2008). Lexikon der Ethik. 7. Aufl. München: Verlag C.H. Beck oHG.

Kühn, M. (2004). Kant eine Biographie. 5. Aufl. München: Verlag C.H. Beck oHG.

Lexikonredaktion des Verlags F.A. Brockhaus (2009). Der Brockhaus Psychologie – Fühlen, Denken und Verhalten verstehen. 2. Aufl. Mannheim: F.A. Brockhaus GmbH.

McGuire, W. J. (1985). Attitudes and attitude change. In G. Lindzey & E. Aronson (Eds.), Handbook of social psychology (3rd Ed., Vol. 2, pp. 233-346). New York: Random House.

MediaLine - Online-Dienst der FOCUS Magazin Verlag GmbH (Hrsg.) (2011): Medialexikon. Online: [http://www.medialine.de/deutsch/wissen/medialexikon.php?snr=2719], Abruf 18.12.2011.

Moser, K. (2007). Wirtschaftspsychologie. Heidelberg: Springer Medizin Verlag.

Ricken, F. (2003). Allgemeine Ethik. 4. Aufl. Stuttgart: W. Kohlhammer GmbH.

Schmidt, S. J. (2004). Handbuch Werbung. Münster: LIT Verlag.

Suda, M. J. (2005). Ethik: ein Überblick über die Theorien vom richtigen Leben. Wien: Bählbau Verlag Ges. m.b.H & Co. KG.

SUMO Das Studierendenmagazin der FH St. Pölten (Hrsg.) (2010): Beeinflusst von Kaufhausmusik? Online: [http://www.sumomag.at/knowhow/wirtschaftsstandort/100-beeinflusst-von-kaufhausmusik.html], Abruf 10.12.2011.

The Brain Gain Network (Hrsg.) (2011): Einstellungen – Ein theoretischer Überblick. Online: [://www.brain-gain.net/index.php?option=com_content&view=article&catid=75%3Acatattitudes&id=95%3A einstellungen-ein-theoretischer-ueberblick&Itemid=112&lang=en& limitstart=1], Abruf 14.12.2011.

Unger, F., Unger, A. & Raab, G. (2010). Marktpsychologie: Grundlagen und Anwendungen. 3. Aufl. Wiesbaden: Gabler Verlag, Springer Fachmedien Wiesbaden GmbH.

Universität Wien (Hrsg.) (2011). Persuasive Kommunikation: Theorien und Erkenntnisse. Online: [http://www.unet.univie.ac.at/~a0625837/VO%20SPEZI%20-%20Mitschrift%20SS11. pdf], Abgerufen am 06.12.2011.

Lightning Source UK Ltd.
Milton Keynes UK
UKHW040937011118
331580UK00002B/339/P

9 783656 576501